Bibliografische Information der Deutschen Nationalbibliothek:

Die Deutsche Bibliothek verzeichnet diese Publikation in der Deutschen National-
bibliografie; detaillierte bibliografische Daten sind im Internet über http://dnb.d-
nb.de/ abrufbar.

Dieses Werk sowie alle darin enthaltenen einzelnen Beiträge und Abbildungen
sind urheberrechtlich geschützt. Jede Verwertung, die nicht ausdrücklich vom
Urheberrechtsschutz zugelassen ist, bedarf der vorherigen Zustimmung des Verla-
ges. Das gilt insbesondere für Vervielfältigungen, Bearbeitungen, Übersetzungen,
Mikroverfilmungen, Auswertungen durch Datenbanken und für die Einspeicherung
und Verarbeitung in elektronische Systeme. Alle Rechte, auch die des auszugsweisen
Nachdrucks, der fotomechanischen Wiedergabe (einschließlich Mikrokopie) sowie
der Auswertung durch Datenbanken oder ähnliche Einrichtungen, vorbehalten.

Impressum:

Copyright © 2002 GRIN Verlag, Open Publishing GmbH
Druck und Bindung: Books on Demand GmbH, Norderstedt Germany
ISBN: 9783638760485

Dieses Buch bei GRIN:

http://www.grin.com/de/e-book/27441/der-son-cubano-seine-charakteristik-und-
rolle-als-transkulturelles-element

Claudio Priesnitz

Der "son cubano". Seine Charakteristik und Rolle als transkulturelles Element im musikgeschichtlichen Kontext Kubas

GRIN Verlag

GRIN - Your knowledge has value

Der GRIN Verlag publiziert seit 1998 wissenschaftliche Arbeiten von Studenten, Hochschullehrern und anderen Akademikern als eBook und gedrucktes Buch. Die Verlagswebsite www.grin.com ist die ideale Plattform zur Veröffentlichung von Hausarbeiten, Abschlussarbeiten, wissenschaftlichen Aufsätzen, Dissertationen und Fachbüchern.

Besuchen Sie uns im Internet:

http://www.grin.com/

http://www.facebook.com/grincom

http://www.twitter.com/grin_com

Hauptseminar: *Tango, Flamenco und Fado. Texte zu iberoromanischen und lateinamerikanischen Liedern und Tänzen.*

Wintersemester 2001/02

Romanisches Seminar

Der *son cubano*

Seine Charakteristik und Rolle als transkulturelles Element im musikgeschichtlichen Kontext Kubas

vorgelegt von

Claudio Priesnitz

Bonn, den 15. September 2002

Einleitung

Zusammen mit der Religion nimmt die Musik in Kuba einen enorm großen so-
ziologischen und kulturellen Stellenwert für die armen, oft am Rande des Exis-
tenzminimums lebenden afrokubanischen Bevölkerungsschichten ein. Aber
nicht nur für diese; die Musik unterstützt das gesamte kubanische Volk, diesem
Schmelztiegel aus den Nachfahren afrikanischer Sklaven und der spanischen
Eroberer sowie den Immigranten aus Europa und den USA bei seiner Identitätsfindung und -wahrung; sie stellt ein unabdingbares Element des kubanischen
Lebensgefühls dar und formt aus den unterschiedlichen kulturellen Einflüssen,
die Kuba im Laufe der letzten Jahrhunderte erfahren hat, DEN Kubaner bzw.
DIE Kubanerin. Emilio Grenet charakterisiert die Bedeutung der Musik für das
kubanische Volk als "[...] *la elaboración espiritual de un pueblo que lucha desde
hace cuatro siglos por encontrar su propia expresión*" (Grenet, S. 45).

Die Hintergründe dieser Bedeutung der Musik und des Tanzes für das kubanische Volk sollen in diesem vorliegenden kurzen Aufsatz unter Berücksichtigung
der musikgeschichtlichen Entwicklung des Landes am Beispiel des *son cubano*
näher beleuchtet werden. Dabei wird auch die politische und wirtschaftliche His-
torie Kubas im letzten Jahrhundert miteinbezogen, da diese Umstände zum
Verständnis der Bedeutung bzw. der Entwicklung der Musik in Kuba entscheidenden Beitrag geleistet haben und daher nicht einfach ausgeklammert werden
dürfen.

In diesem Zusammenhang werde ich zunächst auf die musikgeschichtliche Si-
tuation der Karibikinsel Ende des 19. und Anfang des 20.Jahrhundert eingehen,
die Zeit, in welcher die Vorläufer des Son im bergigen Osten der Insel nach
heutigem Wissenstand erstmals gespielt, getanzt und gesungen wurden.
Im folgenden wird dann näher auf die Charakteristika des Son - Instrumentati-
on, Struktur und Texte – im musikhistorischen Kontext Kubas eingegangen und
seine chronologische und geographische Entwicklung auf Kuba erläutert.

Unter Punkt 2 wird zunächst ein kurzer Abriss über die politisch und wirtschaftlich bedeutsamen historischen Wegpunkte Kubas gegeben, um vor diesem Background in der anschließenden Analyse näher auf die transkulturelle Rolle des Son beim Abbau der Rassentrennung einzugehen.

Letztendlich soll dann in der Kombination aus Punkt 1 und 2 zu einem möglichst umfassenden Gesamtbild des *son cubano* samt seiner Bedeutung für die Identitätsfindung und -wahrung des kubanischen Volkes beigetragen werden.

1. Geschichte und Charakteristik des *son cubano*

Einleitung

Der *son cubano*[1] bzw. *son oriental*, wie er zunächst seiner geographischen Herkunft im Osten der Insel wegen hieß, in dieser vorliegenden Arbeit als ein markantes und populäres Beispiel der verschiedenen Musik- und Tanzgattungen Kubas des letzten Jahrhunderts herausgegriffen, birgt in seiner Vermählung afrikanischer Trommeln und Gesangsstrukturen mit spanischen Gitarren und Liedertraditionen mehr als bloße Unterhaltung und Zeitvertreib: er vermochte die Brücke zwischen arm und reich bzw. zwischen Afro-Kubanern und Weißen zu spannen und half entscheidend bei der kulturellen Identitätsfindung der Kubaner. Alejo Carpentier bringt es auf den Punkt, indem er feststellt, dass der Son „*revela* [...] *un proceso de transculturación destinado a amalgamar metros, melodías, instrumentos hispánicos, con remembranzas muy netas de viejas tradiciones orales africanas*" [meine Unterstreichung] (S. 41).

Weder die *rumba* noch der *danzón* hatten einen derart großen Einfluss auf den Abbau der gesellschaftlichen Klassenunterschiede und der Rassentrennung. Im Gegenteil – letztere Musikgattungen zielten eher gerade daraufhin ab, jene Klassenunterschiede zu definieren und beizubehalten: die verschiedenen Rum-

---

[1] Im folgenden einfach *Son* genannt. Es sei an dieser Stelle jedoch ausdrücklich auf die verschiedenen Ausdrucksformen des *Son* in anderen Ländern Lateinamerikas hingewiesen (z.B. son mexicano, son guatemalteco) und ebenfalls auf die verschieden Son-Arten, zwischen denen man in Kuba selbst und der

ba-Gattungen[2] mit ihren sehr lasziven bis wollüstigen Bewegungen zu den schnellen, einnehmenden Rhythmen afrikanischer Trommeln lagen weit jenseits der Toleranz- und Akzeptanzgrenze der weißen Mittel- und Oberschicht, während die steifen, vorgegeben Tanzfiguren des *contradanza* zu iberoromanischer Salónmusik die afrokubanischen Einwohner Havannas nicht gerade zu spontanen Tanzorgien zu verleiten vermochten.

Man grenzte sich durch diese Tänze bewusst voneinander ab. Europa von Afrika. Arm von Reich. Schwarz von Weiß. Der Son schaffte es, als erstes transkulturelles musikalisches Element auf Kuba, diese beiden Musikgattungen auf seinem Boden miteinander zu vereinen und entscheidend zum Abbau der Rassen – und Klassenunterschiede auf Kuba beizutragen.

1.1 Ursprung

Der Ursprung des Son liegt nach heutigem Wissensstand wahrscheinlich im 18. Jahrhundert, als seine Grundstrukturen (s. Punkt 1.3) erstmals in anonymen Gesängen schwarzer Sklaven auftraten (Giro, S. 199)[3]. In seiner später definierten Form mit den Son-typischen Charakteristika und Instrumenten (s. Punkt 1.2) entstand er jedoch definitiv erst im späten 19. Jahrhundert im bergigen Süd-Osten Kubas (*oriente*), wo die Landhöfe weit auseinander lagen und man relativ autark lebte. Man traf sich zu gelegentlichen Feiern: an Geburtstagen, Hochzeiten, Silvester, etc. Die ländlichen Feste boten die einzige Abwechslung für die afrokubanischen Bergbauern (*guajiros*) und außerdem eine gute Gelegenheit, sich zu treffen und vielleicht ein Geschäft zu machen; was lag näher, als eine Art „akustische Zeitung" herauszugeben, die alles erzählt, was seit dem letzten Fest geschehen ist. Man konnte ein Liebesgedicht loswerden, sich auf mehr oder weniger dezente Art über jemanden lustig machen oder einfach nur spontan seinen Lebensgefühlen Ausdruck verleihen (Creutzmann, S. 96).

Karibik unterscheidet: son montuno, changui, sucu-sucu, ñongo, regina, guajira son, bolero son, etc.(Orovio, S. 457).

[2] Yambú, guaguancó, columbia, papalote (Carpentier, S. 188).

[3] Zwei Transkriptionen aus dem späten 19. Jahrhundert des angeblich im 16. Jahrhundert entstanden Stückes „Son de la Ma Teodora" von Teodora Ginés aus Santiago de Cuba galten bis in die 1950er Jahre hinein als Ursprung des Son (s. u.a. Carpentier, S. 36 ff.) Dies wird heute aber gemeinhin angezweifelt (MGG, S. 1569).

Das Treffen der afrikanischen Trommeln mit den Gitarren, die dem Einfluss der spanischen Eroberer zu verdanken sind, wird so zum musikalischen Boden, auf dem man Neuigkeiten austauscht: Ein Solist trägt sein „Gedicht" vor und ein Chor betont im Refrain, was er jeweils zu betonen hat. Es darf getanzt werden - zwar nicht so wild und heiß wie in den Baracken der (Noch-)Sklaven, welche die ausschließlich von Perkussionselementen dominierte *rumba* bevorzugten, aber auch nicht so steif wie beim Menuett oder dem Kontertanz in den Sälen europäischer Fürsten, deren kubanische Interpretation im sogenannten *danzón* bzw. *contradanza*, aus welchem der *danzón* hervorgegangen war, stattfand.

In den Bewegungen vereinen die Tänzer Afrika und Europa auf kubanischen Boden und kreieren Neues. So entstand eine neue musikalische Gattung: der *son oriental*, dessen Popularität sich zunächst auf die afrokubanische Bevölkerung der ländlichen Gegenden seines Ursprungs begrenzt sah (Creutzmann, S. 96/ Giro, S. 199).

1.2 Instrumentation

Zunächst beschränkten sich die Instrumente auf spanische Gitarren und einfache Gegenstände wie Flaschen, Löffel oder was gerade zur Hand war (Giro, S. 199). Im Mittelpunkt stand der Gesang, der, wie bereits oben erwähnt, eine Art akustische Zeitung repräsentierte.

Mit der Zeit gesellten sich der Chor und „professionellere" Instrumente[4] dazu:

- *tres* (dreisaitige, kleine Gitarre), die kubanische Variante der spanischen Gitarre.
- *bongos* (Paartrommeln), nach afrikanischem Vorbild.
- *claves* (zylinderförmige Klanghölzer), die den Takt angeben.
- *quijada* (Schrapper, der einst aus dem Kieferknochen eines Esels/ Pferdes hergestellt wurde, heutzutage aber keine Verwendung mehr findet).
- *marimbula* („Bass-Sitzholzbox"), die eine ähnlich Rhythmus-begleitende Funktion wie später der Kontrabass erfüllte.

- *botijuelas* (Flaschenartige Blasinstrumente aus Ton).
- *maracas* (Kürbisrasseln) (Giro, S. 199 / Orovio, S. 456 / Ludwig, S. 593).

1.3 Struktur der Son-Kompositionen

Die Struktur der Stücke ist ebenfalls eine Mischung aus spanischen und afrikanischen Elementen: der erste Teil eines Son-Liedes besteht aus einem kurzen
Gesangsabschnitt eines Solosängers, *largo* genannt.

Charakteristisch für den zweiten Teil (*montuno*) ist ein Frage-Antwort-Spiel
nach afrikanischem Vorbild der Bantu-Stämme, speziell dem der *Yoruba*, die in
all ihren religiösen Gesängen dieses sogenannte antiphonare Muster verarbei-
ten (Carpentier, S. 40): der Solist trägt seinen Reim vor (*copla*), alternierend mit
einem kleinen Chor, der den Refrain in Form eines Kehrreims skandiert (*estribil-
lo*), wobei der Solist meist die Melodie und den Text improvisiert.

„Spontaneität" lautet in diesem Zusammenhang das Zauberwort, welches der
Musik ihre Kraft und Würze, ihr Charisma verleiht.

Dieses Wechselspiel *estribillo-copla-estribillo* ist durchsetzt von *descargas*, frei-
en Improvisationen der einzelnen Instrumente. Die rhythmische Struktur ent-
spricht einer Matrix (*matriz*), d.h. einer aus den vielfältigen Patterns der einzelnen Instrumente resultierenden Gesamttextur. Diese rhythmischen Patterns
werden *tumbaos* genannt (MGG, S. 1569); meist geben die *claves* den Grund-
rhythmus vor[5].

1.4 Sprache und Texte

Die Sprache ist im Grossteil der Texte schlicht bis umgangssprachlich gehalten,
aber nicht ohne einen poetischen Touch an den Tag zu legen, was sowohl die
adressierten Gesellschaftsschichten als auch die Musiker selbst charakterisiert
und u.a. den Charme und die große Anziehungskraft des Son erklärt; die breite

---

[4] s. Anhang für Bildbeispiele einiger typischer Son-Instrumente.
[5] Exakte musikwissenschaftliche Analysen der Struktur von Son-typischen Stücken (Takt, Benotung etc.)
finden sich u.a. bei Grenet, Orozco und Orovio.

Masse des Volkes kann sich mit der Musik identifizieren, sie tanzen und oft sogar selbst interpretieren.

Die Texte beziehen sich in den meisten Fällen auf gefühlsinvolvierte, alltägliche Begebenheiten in der Liebe. In der Mehrzahl der Lieder schreiben Männer über Frauen, denen zahlreiche Stereotypen zugeordnet werden: Schönheit, Untreue, Undankbarkeit, etc. Sexuelle Anspielungen sind besonders in den modernen Son-Interpretationen häufig. Manchmal werden auch Kuba selbst oder die Revolution in personifizierter Form als „Frau" oder „Mutter" besungen und glorifiziert, ein Fakt, der sicher auch die Rolle des Son im Identitätsfindungsprozess der Kubaner unterstreicht.

Speziell nach der Etablierung des Son in der kubanischen Hauptstadt in den 30er bis 40er Jahren wurden die Texte teilweise sehr poetisch, besonders die des *bolero son*, welche auf sehr lyrische, gefühlsbetonte Weise den vollen iberoromanischen Sprachsatz romantischer Liebesbekundungen auszuloten wussten. Sieht man einmal von dieser linguistisch sehr „hispanisierten" Form des Son ab, werden ansonsten in den Texten ebenfalls afrikanische und spanische Elemente vereint, da sich oft zahlreiche Ausdrücke aus afrikanischen Sprachen finden, die in der kubanischen Alltagssprache geläufig sind[6].

Gegen Ende der 1920er Jahre wurden erstmals auch Gedichte von bekannten kubanischen Autoren mit dem Son kombiniert, wie z.B. die von Nicolás Guillén. Für den kubanischen Musikwissenschaftler Danilo Orozco ist Guillén die überragende Figur in diesem Zusammenhang überhaupt (Orozco, S. 368). *Alejandro García Caturla y los Grenet* griffen einige von Guilléns Gedichten z.B. aus *Motivos de Son* von 1930 auf und vertonten sie in ihren Son-Stücken, wodurch sie sehr populär wurden, da die Texte teilweise sehr stark mit Afrokubanismen durchsetzt sind und offensichtlich die Wurzeln der afrikanischen Seele im kubanischen Volk ansprachen[7], ganz abgesehen von der rhythmisch-

---

[6] s. dazu z.B.: Ortiz, Fernando (1924c) *Glosario de Afronegrismos*, Havanna. [teilweise i. Internet abzurufen (s. Literaturverzeichnis)].
[7] „*En abril de 1930*, [Guillén] *escribe sus* Motivos de son, *que, al publicarse en el Diario de la Marina, lanzan al poeta novel a una especie de celebridad polémica, pero de amplia resonancia popular; la*

metrischen Relevanz seiner Verse für die Musik, auf welche musikwissen-schaftliche Untersuchungen über Guillén hinweisen (Orozco, S. 368). Zudem galt Guillén als eine Art poetischer Revolutionär, da er z.b. sein Jura-Studium wegen der „trockenen Verhältnisse" an der Universität abgebrochen hatte und u.a. Kontakte mit den spanischen Autoren der *Generacion de 98* und deren Erben pflegte (Federico García Lorca, Antonio Machado, Miguel de U-namuno). Seine größtenteils sehr umgangssprachlichen Texte tragen gewiss zu einem großen Teil zur Identitätsfindung - wenn nicht sogar zum Nationalstolz - der Kubaner bei: Guillén griff auf seine persönlichen afrikanischen Wurzeln zu-rück und kombinierte in seinen Gedichten teilweise schlichtes afrokubanisches Straßenjargon mit dem intellektuellen Anspruch spanischer Dichtkunst[8].

Die Son-Komponisten teilten seine *„revalorización de lo negro y lo popular, por la discriminación que pesaba sobre esos sectores sociales"*, wie Orozco es treffend ausdrückt, *„acuñando, al mismo tiempo, un punto culminante del nacionalismo musical sinfónico de aquel periodo histórico, con reflejos directos e indirectos trascendidos de los nutrientes afrocubanos y del flujo de los sones y congéneres"*[9].

Sie sahen sich als Wegbereiter einer neuen kubanischen Identität, basierend und gedeihend auf dem musikalischem Boden des *son cubano*; eine Identität, die jedem Kubaner, sei er noch so arm, ein klein wenig Nationalstolz und per-sönliche Freiheit verleihen konnte. *„Por su extracción, desarrollo, características sonoras y coreográficas y uso social, el son cubano devinó históricamente como el medio de expresión mas idóneo y representativo para las capas humildes de la estructura socio-económica-política de la Cuba de la primera posguerra* [...] gibt Odilio Urfé zu bedenken (Urfé, bei Orovio, S. 456).

---

musicalización sucesiva de estos poemas por diferentes compositores, entre ellos Alejandro García Caturla y los Grenet, subrayó más aún la enorme acogida popular de sus textos"
(http://www.cubaliteraria.com/autor/nicolas_guillen/index.html).
[8] s. Beispiele im Anhang.
[9] *(Laberintos del son y el no son en intricadas conexiones globales*, bisher unveröffentlicht, o. Seitenangabe).

1.5 Popularität des Son in Havanna

Spätestens um 1909 hielt der Son in Havanna Einzug, nachdem er zunächst auch in den größeren Städte des Ostens, sprich Guantanamo, Santiago de Cuba und Baracoa durch umherziehende kleine Orchester (*bungas*) populär geworden war (Giro, S. 199).

Giro (S. 200) und Creutzmann (S. 96) gehen davon aus, dass der Son durch ebenjene umherziehenden Musiker nach Havanna gelangte, während u.a. Orovio (S. 456) von einer Verbreitung durch Soldaten des Volksheeres ausgeht. Wie dies letztendlich geschah, sei also dahingestellt und ist auch für diese Untersuchung nicht von Belang. Wichtig ist in diesem Zusammenhang nur herauszustellen, dass der *son oriental* in der kubanischen Hauptstadt besonders in den ärmeren Vierteln der Stadt unter den Afro-Kubanern innerhalb kürzester Zeit einen enormen Zuspruch erfuhr und schon bald populärer als jede andere Musikrichtung war.

Man darf dabei jedoch nicht außer Acht lassen, dass sein Erfolg nicht möglich gewesen wäre ohne die Inkorporation von *rumba*- und *danzón*-Elementen, so dass sich die Übergänge zwischen den Musikgattungen oftmals fließend gestalteten: einige bekannte Son-Musiker (u.a. Piñeiro, Moré) waren gleichzeitig auch bekannte *rumberos*, welche die stilistischen Elemente der *rumba* (Refrain, Gesang, Timbre) mit in ihre Son-Kompositionen einfließen ließen (Waxter, S. 144).

Der bis dato populäre *danzón* als salonfähiger Tanz der oberen Gesellschaftsschicht wurde somit nach und nach vom Son der *capas humildes*, also der Afro-Kubaner, abgelöst und ersetzt, so dass spätestens in den 1920er Jahren seine Popularität in Havanna ohne Gleichen war[10]. Es formten sich sogenannte *social clubs* in den verschiedenen *barrios* der Altstadt Havannas, in denen man sich zum Musizieren, Tanzen oder einfach zur Pflege der sozialen Kontakte traf.

---

[10] „*Die 1920er Jahre waren die „goldenen Jahre" des Son, die Zeit in der die Gattung sich über die ganze Insel verbreitete [...]*"(MGG, S. 1569). „*Bailado inicialmente en accesorias, solares y academias de baile por capas populares – los estratos poulares lo rechazaron y el gobierno llegó a prohibirlo por considerarlo inmoral – los salones de baile de La Habana, y de las ciudades importantes, tuvieron que abrirle sus puertas, y las casas impresoras de discos le dieron una difusión ilimitada.*"(Orovio, S.456).

11

1.5.1 Das *conjunto sonero* und die weitere Entwicklung des Son

Nach dem anfänglichen Erfolg des „klassischen" *son oriental* in Havanna fand zunächst eine Vergrößerung des Son-Ensembles auf sechs Musiker, und schließlich auf das „klassische" Septett statt, welches unter der Bezeichnung *conjunto sonero* bekannt wurde und bis in die heutige Zeit überdauert hat.

Damit einher ging eine Steigerung des Spiel-Tempos sowie die Integration neuer Instrumente. Hervorzuheben sind in diesem Zusammenhang die Instrumente *laoud* (kubanische Laute), der Kontrabass, der teils die *marimbula* ersetzte, die *timbales* (Zwei Trommeln auf Metalldreifuß), die *econes/cencerros* (Metallglocken) sowie eine Trompete.

Besonders erfolgreiche Bands in dieser modernen, urbanen Form des Son waren das *Trío Matamoros*, das *Sexteto Habanero,* das *Sexteto Boloña* und Ignacio Piñeiros *Septeto Nacional*; sie waren die marktbeherrschenden Son-Orchester in den späten 20er und frühen 30er Jahren des 20. Jahrhunderts (Giro, Ss. 202-05).

Der Ruhm des Son breitete sich 1930 mit dem Orchester von Don Azpiazu sogar bis New York aus, wo er jedoch fälschlicherweise als „Rumba" verkauft wurde. Nichtsdestotrotz startete dort die erste US-amerikanische Veröffentlichung auf Schallplatte das sogenannte „Rumba-Fieber" der 30er Jahre und trug so zum internationalen Erfolg des Son bei (MGG, S. 1569 / Giro, S. 203). Es folgten erste Touren kubanischer Son-Ensembles durch etliche Länder Europas und weitere internationale Veröffentlichungen.

In den 40er Jahren erweiterte Arsenio Rodríguez das *son conjunto* um die bis heute im Son gebräuchlichen Instrumente: Piano, Zweite und dritte Trompete sowie die bis dato fast ausschließlich in der Rumba heimische *Tumbadora* (tiefer gestimmte *Conga*), die bislang nicht als „gesellschaftsfähig" im Sinne der weißen Ober- und Mittelschicht gegolten hatte [11].

---

[11] Waxter weist in ihrer Abhandlung darauf hin, dass die Rumba–Elemente, speziell die Congas, kein großes öffentliches Ansehen genossen, da sie mit der schwarzen Ex-Sklavenminderheit in Verbindung gebracht wurden und somit ansatzweise sogar in den Bereich der latenten Kriminalität verbannt wurden, die den Schwarzen als eigen galt. Deren alljährliche Karnevalsumzüge (*comparsas*) samt Conga-

Der urbane Son wurde „jazziger" und passte sich besonders in den folgenden Jahrzehnten immer mehr den gerade in den USA populären Stilrichtungen an. In den 50er Jahren dominierte schließlich die *salsa*, diese zu einer musikalischen „Soße" verrührte Musikrichtung, von der Compay Segundo, vom Son-Ensemble des *Buena Vista Social Club*, meinte, dass man bei dem vielen Blech[12] und den vielen Rhythmusinstrumenten dauernd brüllen müsste, um überhaupt gehört zu werden als Sänger.

Erst in den 80er Jahren des 20. Jahrhunderts besann man sich wieder auf die Wurzeln des Son, so, wie er in den 40er Jahren mit Arsenio Rodríguez seinen Höhepunkt erfahren hatte. Bis dahin galt er als überholt und verstaubt (Godfried). Seine internationale Renaissance erlebte er, wie wohl bekannt sein dürfte, im Rahmen des *Buena Vista Social Club*-Projektes von Ry Cooder, wobei Eugène Godfried in seinem Aufsatz darauf hinweist, dass erstmals die Gruppe *Sierra Maestra* gegen Ende der 80er Jahre wieder den „klassischen" Son als *conjunto sonero* ins Leben rief. Deren Erfolg beschränkte sich zunächst auf Curaçao und feierte später unter der fälschlichen Bezeichnung *salsa* in New York erste Erfolge (Godfried). Daraufhin entschied man sich wohl, die alten „Originale" wieder in Form des *Buena Vista Social Clubs* zusammenzubringen und international zu vermarkten.

Heutzutage ist der Son, wie zu seinen Anfängen, vornehmlich in den größeren Städten und auf dem Land im Osten der Insel sehr populär, jenseits des lauten Trubels und vergleichsweise hektischen Daseins der Hauptstadt.

Benutzung wurden offensichtlich immer wieder zwischen 1913 und 1930 verboten, und Schwarze, die auf der Strasse mit Congas Musik machten, wurden teilweise sogar öffentlich verfolgt und verhaftet. Erst gegen Ende der 30er Jahre fanden diese ur-afrikanischsten Elemente langsam Zugang zu den größeren Son-Orchestern. 1938 wurde das *comparsas*-Verbot gänzlich aufgehoben; der Durchbruch für die Conga im Sinne ihrer öffentlichen Akzeptanz in der Musik gelang aber erst Arsenio Rodríguez in den 40er Jahren durch Implementierung neuer, schnellerer Rhythmen (Waxter, S.144).

[12] den vielen Blechblasinstrumenten [meine Anmerkung].

2. Legalität und nationale Identität

2.1 Historischer Hintergrund

Die Spanier „importierten" im Laufe ihrer Kolonialherrschaft tausende von Sklaven aus den verschiedensten Teilen Afrikas nach Kuba, hauptsächlich für die mühsame Arbeit auf den Feldern bei der Zuckerrohr– und Tabakernte.

Im 19. Jahrhundert regten sich erstmals Widerstände unter den Schwarzen, da überall in der restlichen Karibik, besonders auf Haiti, die Sklaverei bereits abgeschafft bzw. nach Aufständen der Schwarzen beendet worden war.

Nach mehreren blutigen Auseinandersetzungen und dem ersten Unabhängigkeitskrieg einiger Großgrundbesitzer -samt ihrer frei gelassenen Sklaven- von 1868-1878, wurde die Sklaverei schließlich 1886 auch in Kuba offiziell von den Spaniern abgeschafft; aber das Volk wollte die vollständige Unabhängigkeit von den europäischen Besatzern, so dass nach weiteren Widerständen und Kämpfen unter der Führung des kubanischen Schriftstellers José Martí 1898 die USA auf Seiten der Revolutionäre einschritten und im Kubanisch-Amerikanischen Krieg die Spanier vertrieben.

Doch die Freude der Kubaner währte nur kurz, da sie feststellen mussten, dass die Nordamerikaner ihnen die wirtschaftliche Abhängigkeit aufzwangen und mit Hilfe der Platt-Klausel[13] zunächst die Kontrolle über die Insel behielten, da das Investitionsvolumen nordamerikanischer Investoren auf Kuba bis 1909 auf rund 200 Millionen Dollar angestiegen war, welches beschützt werden musste (Creutzmann, S.40).

In diesen und den Folgejahren war die Lage auf Kuba gespannt und von großer Unsicherheit und vielen Unruhen geprägt, so dass die USA sich genötigt sahen, mehrfach Präsenz zu zeigen und die Insel von 1906-1909 und 1912 sogar zu besetzen, u.a. wegen Protesten der Schwarzen gegen Rassendiskriminierung.

Die wirtschaftliche Abhängigkeit vom Zuckerpreis bescherte Kuba nach der Weltwirtschaftskrise 1929, am „schwarzen Freitag" der New Yorker Börse, ein

---

[13] Benannt nach Orville H. Platt, Senator von Connecticut: sie gibt den USA das Recht, zum Schutz von Investitionen oder der auf Kuba lebenden nordamerikanischen Staatsbürger jederzeit militärisch zu intervenieren, was sie in den Folgejahren auch oft genug auf dieser Basis gründend tun.

nie da gewesenes Tief: die zwei Krisenbäume, soziales Elend und Arbeitslosigkeit, wuchsen in den Himmel. Der herrschende General Machado musste 1933 nach einem Generalstreik ins Ausland fliehen, nachdem er vergeblich versucht hatte, das Land mit diktatorischer Unterdrückung aus der Misere zu retten. Der Mulatte Batista übernimmt unter dem Nachfolger Ramón Grau die Aufgabe, das Heer zu reformieren. Erstmals werden auch Schwarze als Offiziere ausgebildet – ein Fortschritt in der Rassenzusammenführung (Waxter, S.146).

Nach der Revolution setzte der Staat alles daran, die politische Revolution auch auf die Bereiche der Musik und der öffentlichen Freizeiteinrichtungen auszuweiten, was das Ende der alten Tanz-Clubs (u.a. des *Buena Vista Social Club*) und somit der Treffpunkte der afro-kubanischen Musiker bedeutete. Die Clubs wurden durch gewerkschaftsgeführte öffentliche Einrichtungen ersetzt, die offiziell zwar allen Rassenangehörigen eine offene Tür boten, aber in der Realität kaum besucht waren (Godfried, Internet).

2.2 Der Son als transkulturelles Element kubanischer Identität

Vor jenem politisch und wirtschaftlich instabilen historischen Hintergrund drängten viele schwarze Ex-Sklaven Anfang des letzten Jahrhunderts in die größeren Städte, da sie dort auf Arbeit und Unterkunft hofften, denn sie waren nun freie Menschen, aber ohne Lohn und Brot. Mit ihnen kam die Rumba in die Elendsviertel, die Slums und Massenquartiere der Stadt. Man machte Musik mit allem, was irgendwie einen Ton produzieren konnte: Pfannen, Töpfe, Löffel und natürlich Trommeln, wenn man sie sich leisten konnte.
Der Rhythmus der Ex-Sklaven mischte sich nach und nach mit den Klängen der emporstrebenden neuen Son-Gruppen, die ebenfalls vornehmlich aus Schwarzen bestanden. Das Publikum hingegen bestand zu einem Grossteil aus Weißen und Mulatten. Schwarze, Mulatten und Weiße werden so auf dem Tanzboden vereint, die Musik macht sie zumindest für ein Weilchen fast gleich und man verlor langsam die Scheu voreinander im Rahmen dieser bereits erwähnten Transkulturationsprozesse. *„Certain elements of Afro-Cuban culture be-*

came acceptable to middle- and upper-class white cubans" stellt Waxter in ihrem Aufsatz fest (S. 146)[14]. Und etwas weiter: *„Son became an expressive form that, to an extent, transcended economic and racial distinctions"* (S. 148).

Dennoch: wegen seiner freien Interpretationsmöglichkeiten im oftmals eng umschlungenen Paartanz, dem Einsatz von aus der Rumba entliehenen Trommeln und den unkonventionellen, teils mit sexuellen Anspielungen durchsetzten Texten wurde der Son nach seinem Einzug in Havanna von höher gestellten Gesellschaftsschichten zunächst als frivol und anzüglich betrachtet und sogar fast von der Regierung offiziell wegen seiner „unmoralischen Elemente" verboten (Orovio, S. 456). Radamés Giro (S. 202) gibt hierzu folgendes zu bedenken:

> *„Mas no le fue fácil al Habanero su avasallador ritmo: prejuicios de la época, impuestos por una burguesía pacata, timorata y racista, que no quería recordar –o mejor reconocer- lo que África había aportado a nuestra identidad cultural; pero el negro estaba demasiado metido en nuestras raíces culturales [...]. Sin embargo, el pueblo, con su rara intuición, echó abajo valladares, rompió prejuicios e impuso lo que, por derecho propio, lo pertenecía."*

Das gemeine Volk besann sich also auf seine Wurzeln, auf seine in den Genen verankerte afrikanische Intuition, seinen Wunsch nach und sein Recht auf freie persönliche Entfaltung.

Abgesehen davon bekommt man den Eindruck, dass ebenjene latente Illegalität und Sündhaftigkeit den Reiz des Son - besonders bei höhergestellten Gesellschaftsschichten - auszumachen schien, denn schon bald erfuhr er Zuspruch von lokalen, angesehenen *danzón*-Musikern, die ihn auf ihre Weise interpretierten und um neue Elemente bereicherten[15], so dass sein Siegeszug in *La Habana* nicht mehr aufzuhalten war.

Einer der Hauptgründe für die Popularität des Son schien laut Carpentier die Inkorporation von Perkussionselementen zu sein: *„[...] esto, sin duda, constituye su mejor garantía de originalidad. Gracias al son, la percusión afrocubana, confinada en barracones y cuarterias de barrio, reveló sus maravillosos*

---

[14] Diese Transkulturation barg jedoch gleichzeitig auch das Problem der „Stereotypisierung" von Auftritten schwarzer Musiker, die teilweise förmlich als Sensation in einem kabarettmässigen Ambiente einem bourgeoisen weißen Publikum „vorgeführt" wurden, besonders im Ausland (Waxter, S. 146).

[15] Einer der ersten, der dies aufgriff, war José Urfé mit seinem *danzón*-Orchester, der den Son 1910 in seinen danzón *El bombín de Barreto* integrierte (Orovio, S. 456 / Giro, S. 201).

recursos expresivos, alcanzando una categoría de valor universal" (Carpentier, S. 190). Zieht man jedoch and dieser Stelle die bisher gewonnen Erkenntnisse der vorangegangen Punkte mit ein, so formt sich aus der Kombination der verschiedenen (musik-)historischen Einflüsse und Charakteristika des Son ein Gesamtbild, in welchem die Trommeln sicher eine große Rolle spielen, aber auch ebenjene anderen Aspekte nicht ausgeklammert werden dürfen, die zu seinem Erfolg beigetragen haben.

Es fand allgemein eine Verschiebung der nationalen Rassenansichten Kubas statt, auch wenn dies sehr langsam vonstatten ging. 1940 wurde in der kubanischen Verfassung offiziell die Rassendiskriminierung verboten; in der Realität sah es jedoch so aus, dass die Afro-Kubaner nach wie vor am Ende der sozioökonomischen Leiter standen und sich mit unterbezahlten Dienstleistungs-Jobs ihr Leben finanzieren mussten – falls sie überhaupt Arbeit hatten (Waxter, S. 145). Das führte natürlich unweigerlich zu rassenbasierten Klassenunterschieden, die zum Teil über die Musik, und hier ist speziell der Son zu nennen, abgebaut werden konnten.

3. Zusammenfassung

Es wurde in dieser Arbeit zunächst auf die Ursprünge und Charakteristika des Son eingegangen, um danach anhand der chronologischen und geographischen Entwicklung seine Rolle im Transkulturationsprozess als Überbrücker der Kluft zwischen Schwarzen und Weißen herauszustellen, vor dem politischen und wirtschaftlichen Hintergrund Kubas zu jener Zeit.

Fazit

Die Rolle des Son in der Geschichte Kubas geht noch weiter, wenn man nun den Bogen zu schlagen versucht zum aktuellen Selbstbewusstsein und Nationalstolz bzw. zur Identitätsfindung und –wahrung der Kubaner. Es besteht kein Zweifel daran, dass die politischen Einflüsse des letzten Jahrhunderts, sprich:

die Revolution und die Jahre des Kommunismus, einen entscheidenden Beitrag zur Formung der kubanischen Identität geleistet haben.

Aber wo wäre das Volk ohne den Hoffnungsträger Musik heute, so wie dieser das Alltagsleben der Kubaner durchzogen und geprägt hat, wie bei keinem vergleichbaren Volk?

Die Musik gibt den Kubanern Selbstwertgefühl, Autonomie und Stolz, und lässt sie angesichts der wirtschaftlichen und politischen Probleme des Landes gelassen bis heiter bleiben. Die Musik verbindet die Menschen, macht sie dadurch stark, und gibt ihnen die Möglichkeit, jenseits der alltäglichen Existenzprobleme ihrer ganz persönlichen Freiheit in Tanz und Gesang Ausdruck zu verleihen.

Die Texte des Son dienen als Sprachrohr der kubanischen Seele, die mit einem Augenzwinkern und voller Leidenschaft die kleinen und großen Liebes- bzw. Lebens-Probleme verarbeitet, sei es in ernster, ironischer oder manchmal auch herzzerreißender Form; auf jeden Fall aber stets mit viel Gefühlsbeteiligung.

Orozco kommt in seinem Aufsatz über die Bedeutung des Son zu dem Schluss, „[...] *que el son* [...] *se nos revela en múltiples proyecciones: la musica, la baile, la poética, la narrativa y, por logica inducción, en todas las realizaciones del arte y de la cultura cubana*" (S. 381).

Der Son zieht sich durch alle Lebensbereiche des kubanischen Lebens: man steht mit der Musik auf, sie schwingt in den Stimmen der Menschen und in ihren Bewegungen allzeit mit, sie lässt die Worte Poesie werden und den Alltag magisch; sie liegt den Kubanern im Blut, oder, kurz und prägnant mit den Worten eines Einheimischen ausgedrückt: *„In jedem Kubaner steckt ein Orchester"* (Creutzmann, S.90).

Besonders heutzutage trifft es zu, dass schwarze Musiker Kubas aufgrund ihres musikalischen Könnens großes internationales Ansehen erfahren, wie das Beispiel des *Buena Vista Social Clubs* oder ähnlicher Gruppen zeigt; Gruppen, die im Zuge der aufkommenden weltweiten Popularität der Musik Kubas auf der Erfolgswelle des Son mitschwammen.

Dadurch kam es generell zu einem regelrechten „Kuba-Boom", der sich nicht allein auf den musikalischen Sektor begrenzte. Kubanische Restaurants und Bars, und Genussmittel wie Zigarren und Spirituosen sahen sich in den letzten Jahren einem regen Interesse seitens der mittleren bis oberen Gesellschafts- schichten westlicher Industriestaaten ausgesetzt. Und das alles nur aufgrund des Erfolges von Ry Cooders „Entdeckungen" und Wim Wenders Film? fragt man sich.

Handelt es sich gegebenenfalls um eine unabdingbare Reaktion der im Zuge der Globalisierung aufkommenden Weltoffenheit und grenzüberschreitenden Suche der Menschen nach Dingen, die das Herz berühren und einzunehmen wissen, weil unsere westliche Zivilisation mit ihren materialistisch-orientierten Gesellschaftsstrukturen derartige Dinge nicht mehr unterstützt, geschweige denn selbst generiert?

Mit dieser in den Raum gestellten Frage als mögliche Problemstellung zu- **künftiger Arbeiten möchte ich die Abhandlung über den** *son cubano* **schließen; aber nicht ohne zu betonen, dass besonders der akustische** **Genuss dieser Musik mein Leben um ein Stückchen mehr Gelassenheit** **bereichert hat.**

Literaturverzeichnis

Creutzmann, Sven und Henky Hentschel

1998 *Salsa einer Revolution: Eine Liebeserklärung an Kuba zum 40. Geburtstag*, Hamburg: Rogner & Bernhard bei Zweitausendeins.

Carpentier, Alejo

1946 *La Musica en Cuba*, México D.F: Fondo de la cultura económica.

Egon, Ludwig (Hg.)

2001 *Musica Latinoamericana. Das Lexikon der lateinamerikanischen Volks- und Populärmusik*, Berlin: Schwarzkopf & Schwarzkopf.

Finscher, Ludwig (Hg.)

1998 *Die Musik in Geschichte und Gegenwart. Allgemeine Enzyklopädie der Musik* (MGG), Bd. 8 (2. Auflage), Stuttgart.

Giro, Radamés

1998 „Los motivos del son", in: *Panorama de la Música Popular Cubana* (Hg.: ders.), La Habana, 199-209.

Grenet, Emilio

1998 "Música Cubana. Orientaciones para su conocimiento y estudio", in: *Panorama de la Música Popular Cubana* (Hg.: Radamés Giro), La Habana, 43-100.

Guillen, Nicolas

1930 *Motivos de son*, La Habana.

Orovio, Helio

1981 *Diccionario de la Musica Cubana*, La Habana, 455-61.

Orozco, Danilo

1985 "El Son. ¿Ritmo, baile o reflejo de la personalidad cubana?" in:
   Musicología en Latinoamérica (Hg.: Zoila Gómez), La Habana, 363-89.

oo.JJ. *Laberintos del son y el no son en intricadas conexiones globales,*
   unveröffentlicht.

Waxter, Lise

1994 "Of mambo kings and songs of love: dance music in Havanna from the
   1930s to the 1950s", in: *Latin American Music Review*15, 139-76.

Internet

Godfried, Eugène

2000 "Buena Vista Social Club: Critics, self-criticism, and the survival of Cuban Son", http://afrocubaweb.com/eugenegodfried/buenavistacritics.htm.

Instrumente:

http://www.chez.com/montunocubano/Tumbao/instruments/instruments.htm

Glossar der Afrokubanismen nach F. Ortiz:
http://digilib.nypl.org/dynaweb/ortiz/ortizfin/@Ge neric__BookTextView/29985
http://www.hihavana.com/kariosha/Pages/glosario.htm

Nicolás Guillén

http://www.patriagrande.net/cuba/nicolas.guillen/index.html
http://www.cubaliteraria.com/autor/nicolas_guillen/index.html
Hörbeispiele:
http://www.cervantesvirtual.com/FichaAutor.html?Ref=2441

Allgemeine Info zu afro-kubanischer Musik

http://afrocubaweb.com/

Anhang

Son-Gedichte von Nicolás Guillén

(„Negro Bembón" + „Mulata" aus: *Motivos de Son*, 1930. „Canto Negro" aus: *Sóngoro cosongo*,1931)

NEGRO BEMBÓN

¿Po qué te pone tan
brabo,
cuando te dicen negro
bembón,
si tiene la boca santa,
negro bembóm?

Bembón así como ere
tiene de tó;
Caridá te mantiene, te lo
dá tó.

Te queja todabía,
negro bembón;

sin pega y con harina,
negro bembón,
majagua de drí blanco,
negro bembón;
sapato de dó tono,
negro bembón.

Bembón así como ere
tiene de tó;
Caridá te mantiene, te lo
dá tó.

MULATA…

Ya yo em enteré, mulata,
mulata, ya sé que dise
que yo tengo la narise
como nudo de cobbata.

Y fíjate bien que tú
no ere tan adelantá,
poqque tu boca é bien
grande,
y tu pasa, colorá.

Tanto tren con tu
cueppo,
tanto tren;
tanto tren con tu boca,
tanto tren;
tanto tren con tu sojo,
tanto tren.

Si tú supiera, mulata,
la veddá:
que yo con mi negra
tengo,
y no te quiero pa ná!

CANTO NEGRO

¡Yambambó, yambambé!
Repica el congo solongo,
repica el negro bien negro;
congo solongo del Songo
baila yambó sobre un pie.

Mamatomba,
serembe cuserembá.

El negro canta y se ajuma,
el negro se ajuma y canta,
el negro canta y se va.
Acuememe serembó,
aé yambó, aé.

Tamba, tamba, tamba,
tamba,
tamba del negro que
tumba;
tumba del negro, caramba,
caramba, que el negro
tumba:
¡yamba, yambó,
yambambé!